La Nature

De

La

LA LICORNE

ADSO

La Nature de la licorne

© 2014 ADSO

Edition : Books on demand GmbH,
12/14 rond-point des Champs Elysées
75008 Paris.
Impression : Books on Demand, Nordestedt, Allemagne.
ISBN : 9782322033416
Dépôt légal : février 2014

La rose bleue ;
Tu respires par elle,
Tu pries pour elle.

Elle te dit merci
Et t'attends chaque nuit
Pour la protéger
Du feu, du froid et de l'éternité.

Foudroyée par l'encens du nectar des dieux
Elle a choisi d'être bleue,
Ou ne sont-ce pas eux
Qui la colorent de leurs yeux ?

Tu peux marcher autour d'elle,
La caresser de ton esprit et partager l'irréel
Elle peut s'élever dans l'air
Donner couleurs aux prières.

Tu protèges la vie,
Tu protèges la mort,
Alors à toi les clés du paradis
A toi les clés du petit jardin dehors.

Rose des sables, des feux
Tu parais, puis tu deviens deux.
Car Amour t'a pris dans son foyer
Il fait chaud et l'air léger
T'a présenté à l'Eternel.

Dès lors tu deviens si belle
Que le feu te désire.
Talisman bleu, tu transpires.

Cette rose est unique
Mais pourtant pas si loin
Et pourtant authentique
Elle est dans chaque cœur
Ouvre la porte sans peur.

Du bleu ;
La nuit dessine dans tes yeux
Des couleurs un peu fauves, un peu bleu.
Et j'attends que l'eau du soir
Descende de son grand miroir.
Magique ou fou
Il est l'autre du hasard,
Alors donne à ce temps, le regard du loup
Qui a fixé des dentelles
Et qui t'appelle
La nuit des loups.
Et alors l'étoile se leva
Dans son manteau plein de frimas
Et le loup n'avait pas froid.
Mais que dire du vent de la nuit ?
Sait-on qu'il est comme Pierre et le paradis
Les clés, les clés du paradis,
La porte de la nuit,
Corne ou ivoire.
J'aime ces longs soirs
Où l'étrange monte au firmament
De la naissance de tout ce temps
De l'aube à l'aurore.
L'horizon caresse ton océan
Et dans le bleu du corps
Navigue le géant.

Le sable et le vent ;
Le temps qu'il faut pour retrouver
Pas à pas tous les sentiers.

Le temps qu'il faut pour recommencer
A voler dans le ciel.

Comme une lune,
Comme un soleil.

Pas à pas je gravis les dunes
Et là sera toujours douce présence
Le miel sur les montagnes de l'errance.

Le ciel brûlant
Mon corps tremblant
De par tes yeux
De faim ; de froid et de feu.

Le long du sentier
Des renards quêtent l'éternité.

Voler dans le ciel
Chanter, écrire sur toutes les stèles
Ton nom
Puis ton prénom.

Les montagnes sont sable et vent
Et tout autour un désert si grand
Que le printemps
Tient dans les mains d'enfants.

Alors le feu devient sang
Alors mon corps se mêle aux anges blancs.

Et les montagnes rejoignent le ciel
Et tout cela
Juste parce que tu m'as trouvée belle
Et tout cela
Tout d'abord pour toi
Mon sentier, mon ciel,
Mon renard aux petits pas,
Mon chemin qui monte sur les nuits belles
Où la secrète alchimie
A rendu l'amour à l'amour.
Où les secrets de la vie
Se cachent dans les tours

Les tours de sable blanc
Qui voyage au gré du vent
Ballade infinie,
Là j'ai choisi ma vie.
Et ce regard qui parle

Me raconte en filets de perle
Les couleurs de la joie…
De la liberté
Et je chante pour toi
Pour te célébrer.

Parmi les fleurs,
Parmi les senteurs
Le blanc et le bleu
Qui n'atteindront jamais les yeux.

Alors tu reviendras les mains germées
De promesses tenues et enchantées
Ensemble nous parlerons
Le matin et le soir : plein de chansons.

Chant d'oiseaux
Planant sur l'infini
Au dessus des eaux
Firmament de la vie.

Ton sourire répond
Aux confins de l'horizon
Et je te rejoins pour te dire
Qu'il est trop tôt mourir.
La vie reste, s'affirme se pose

Et par joie on la couvre de roses.

Et moi pour toi
Je serai là
Ici, juste à côté de tes mains
Ensemble à demain.

Monde de soleil ;
J'ai vu le soleil, j'ai vu la nuit
Et je t'ai vu dans la nuit.
Sur un plateau d'amour,
Tu attendais la première étoile du jour.

Comment sentir tes bras
Quand tu n'es pas là ?
Laisse-moi regarder
Au fond de tes yeux
Pour y voir NOTRE éternité.

Et cela faisait longtemps que je suis là
Et mon seul rêve était de dormir dans tes bras
Et cela faisait longtemps que j'attendais demain
Et mon seul rêve était de sentir tes mains.

Tu es ce feu qui gémit au soleil,
Je suis cette nuit douce comme le miel.
C'est ta parole qui me souffle
C'est ton corps qui m'essouffle.

Je donne à l'aube de ta vie
Mon premier poème
Et je sais que sentir ta main, c'est j'aime
Dans ma main, c'est je t'aime.

J'ai besoin de ta force, Booz il n'y a que toi qui sais
Le son de ta voix m'emplit comme une corne de brume
Et tes mots si simples, me font rougir
Dans ta vie, avec toi, mourir.

Mais ce matin, les fleurs t'appellent
Et ce soir je crois : j'essayerai d'être belle
Donne-moi ta tendresse et laisse-moi t'aimer
A ma façon : douceur et vérité.

Du jour où tu me mens ;
Je pars.
Du jour où tu oublies de sourire
Tu me laisses mourir.
Et OUI, j'ai soif de ta vérité tout doucement
Et j'entends tout autour de moi tes sourires…

Ils sont plus porteurs que la colombe de la soirée
Oui, il n'y a plus de déluge !!!!!
Nous sommes en vie, libérés
Et sur cette ferre un Dieu démiurge

Nous coucheras l'un près de l'autre ;
Le reste est une énigme…

On ne peut oublier le soleil ;
Ce jour là, tu t'appelais Booz
Le jour d'après un océan nous séparait.

Encore des milliers de roses,
Dans ma mémoire
Le temps suivant la grand' bleu nous sépare…

Et moi je dis NON, je franchirai les territoires
Pour vibrer encore dans ton sourire, et quelque part,
Quelquefois
J'entendrais ta voix.

Je ne peux oublier ton soleil
Je sais que tu connais Merveille
Et que la plume de mon cœur s'est envolée
Et que la fenêtre s'est fermée.

Sur mon passage
J'ai aimé ta voix et ton esprit
Sur ton passage
Tu as aimé mes louanges à la vie.

Booz, le bonheur fait-il ta compagne ?
Je ne veux pas de la vallée des larmes
Je veux du soleil, grimper les montagnes

Je te veux sans armes.

J'aspire à ton bonheur,
J'aspire à ton éternité.
Dis-moi à quelle heure comprendras-tu
La naissance de ma sérénité ?
Vient au monde près de l'eau
Souris dans le vent et déposes-y l'anneau.
Peut-être je te retrouverai ?

Tu m'as donnée la Force
J'ai choisi ta légende,
Et tous les arbres ont la même écorce
Dans la forêt sacrée de notre légende :

Booz de mon soleil, de mes nuits
Tu n'aimas Ruth qu'une saison
A présent le chemin est loin de ma vie
Merci de m'avoir dit pardon.

Je ne peux oublier le soleil,
Doux sur ta peau
Chaud.
Oui, l'amour est merveille

Ange contre les mauvais présages

Tu chantais, et moi sage
J'écoutais tes discours
De feu et d'amour.

Sois heureux, mon Booz
Trente ans nous séparent
Mais mon cœur sera toujours dans tes bras et ton départ.
Trente ans nous séparent,
Je t'ai aimé … Booz.

Une fleur, un matin ;
S'est posé là tout près de la colline
On la disait blanche, elle était bleue.
Elle chantait les hymnes
De la floraison nouvelle, pour eux :

A tous ceux qui tremblent et qui ont froid
A ceux qui savent donner sans éclat
De la seule lumière de la bonté
Un fleur, un matin, un sentier.

Chemin faisant roses et renard se côtoient
Et c'est le petit prince qui me regarde au loin
Au pays des étoiles
Aux chants du bal…

De Cendrillon,
Elle tu sais,
Elle t'attend de toutes saisons.

Et tu sais,
Elle, elle sait que la rose est bleue
Et pourtant ses yeux sont noirs de feu,
Et cette rose appelle, chante et rêve.
Ce matin là fut une trêve,
Un regard, une lumière
Dans la tourmente océane
Une seule couleur comme un éclair
Au clair des sourires diaphanes.

Et si la fleur était en amour,
Elle porterait les pétales du jour
Et les racines de l'éternité
Car rose bleue, n'aime qu'amour
Et elle le murmure dans les secrets.

Non, ne la cueille pas
Juste regarde là
Sa grâce, sa force et sa fragilité
Elle est en vérité

La rose d'un enfant,
La rose d'un mendiant.

Elle est en vérité
Ton soleil,

Elle n'est en vérité
Que merveille.

Elle est là, posée face aux vents
Elle est petite et regarde les géants…
Non, elle n'a pas peur
Car Force donne son Cœur

Peut-être tu entends ses chuchotements,
Peut-être tu entends le galop du cheval blanc…
Qui s'appelle licorne
Par la porte de corne,

Elle laisse pénétrer les songes, les rêves
Elle te parle de ces contrées et de ceux d'Eclève.
Alors j'ai décidé d'attendre près de la fontaine
Parce que : rose, licorne chantent sur toute la plaine

Et ces fontaines rigolent dans les vallées.
Dis, tu veux bien jouer
Avec moi
Au moins une fois

Mais une fois qui dure
Comme le soleil, bleu et le feu d'or.
Soleil et feu sont aux pieds de la rose, ce trésor

Si tu sais écouter, alors, assieds-toi et murmure.

Les mots magiques : que l'on appelle poésie
Rose, licorne, fontaine, poésie
Sont les quatre pôles de mon univers :
A l'est, la rose, au nord, la licorne, à l'ouest la fontaine, au sud la poésie, en prière.

Les voiliers dansent sur les océans d'amour,
Les oiseaux chantent sur les forêts d'amour,
Les papillons rêvent sur les fleurs d'amour,
Et mon amour, dansera peut-être sur la rose bleue.

La plaine ;
Je courre dans ton sang,
Comme,
Je courre dans la plaine
Comme,
Ce grand et immense vent
Qui gémit sans aucune haine.
Et j'attends,
J'attends
Ta couleur,
Ainsi que ta fureur.
Colère, colère,
Oui, lève-toi.
Il n'est plus temps des prières,
Il est temps de toi.
Toi, que j'aime, et ne connais pas
Je t'attendrai là-bas.
Encore, et toujours une fois.
Je sais qui tu es,
Je sais où pleurer.
Dans le sang, dans la plaine
Où ces chemins me mènent.
Vers toi j'irai,
Dans la lueur éclatée,
Il n'y aura qu'un soleil,
Il n'y aura qu'une nuit,

Pour suffire à mon éveil,
Pour suffire à ma vie.

Et, cet enfant,
Qui sera mon sang,
Qui sera ma plaine,
Ma liberté là dans ces veines,

Espérer ce matin,
C'est grandir toujours plus loin.
Et ne plus avoir peur
De la haine, de la terreur.

Parce que je sais,
Qu'un matin, un été,
Ensemble nous regarderons la mer.

Un jour bleu sera la terre,
Et tu viendras à moi,
Comme un voilier,
Et tu viendras à moi,
Comme un naufragé.

Je te donnerai mes bras,
Sur cette plage là.
Et comme un voilier,

Tu vogueras sur l'éternité,
De cet amour
Qui viendra un jour.

Qu'est ce que le temps ?
Juste l'horizon.
Qu'est ce que le temps ?
Un oiseau blond.
Vole, vole, vole, jusqu'ici
Et tes ailes seront infinies.

La nuit, le matin, quelle importance ?

Car, je coure dans ton sang
La nuit, le matin, quelle importance ?
Car je plane dans le vent.
Le vent, le sang
Ce sont
Tout ce temps,
De l'horizon.
De toi à moi,
Il y a
La nuit, le jour,
La vie, l'amour.

Et cette nuit, je la veux infinie,

Et ce jour
Je le veux toujours.
Et cette vie,
Je lui dis merci.
Et cet amour,
Je le vois qui coure
Là dans ton sang
Là dans la plaine.
Alors j'attends pleine de sang
Sur la plaine,
Alors, j'attends
Que tu viennes.

Je n'ai qu'une vie,
Alors, …, vivre le jour, la nuit.

Tu seras le feu, l'étoile
Tu seras la mer, la voile,
Je serai l'eau et le soleil
Et nous ferons les merveilles
Qu'attends la lumière sur la montagne.

Je te donne ce sang,
Mais je garde mon enfant.
Pardon,
C'est mon cœur,

Pardon
Juste une fleur.
Je ne veux plus avoir peur,
Je ne veux plus dire : « Non ».
Donne-moi encore ces chansons
Ces notes d'argent, au fond
Des bois.
Elle est là,
Regarde doucement,
La licorne, sous le vent.
Doucement,
Elle attend,
De pouvoir,
Boire,
A l'ombre du ruisseau.

La vie, le feu et l'eau
Laisse la,
Va-t-en
Laisse la
Doucement
Doucement.

Sa lumière ;
Il chante à la première prière
Et il l'appelle : lumière.
Pour lui, c'est la première fois
Mais pour elle, tout est là.

Ce feu, ce vent clair comme ton sourire
J'ai choisi de visiter ton empire
J'ai choisi de rester au feu et au vent
Comme si tous les matins chantaient les enfants.

Ne me laisse plus pleurer
Il y a tous ces étés,
Ne me laisse plus chanter,
Il y a l'éternité.

Et, mon temps rêve de patience
Et, mon courage rêve d'épreuves
Alors s'arrête l'errance
Parce que la mer sur le sable est toujours neuve.

Ne deviens pas ! Reste et lumière et prière
Car cette lumière t'appelle et t'espère
Et, elle est à toi
Miracle de toutes les Lois.

Je te donne l'éclat de mon cœur
Et l'envol de ma bouche,
Parce que sa lumière grandit les fleurs
Où toi et moi, trouvons notre couche.

Sa lumière dessine et efface mes ombres,
Et il n'y aura plus de nuit, ni d'ombres.
Juste cette lumière fabuleuse
Pleine de neige et de rivières houleuses
Pleine de tes yeux,
Plaine en feu.
Tu me donnes la lumière
Et oui, voici déjà la printanière

…

Elle te roule au sommet des étoiles
Et dans ce firmament au confluent
Règnent l'espoir de cette unique étoile
Où se rencontrent mer et océan :

C'est là le premier moment où tu croises le miroir
Qui est tien
Parce que tu as choisi la porte d'Ivoire
Et donne et revient.
Alors prend des forces, … celles de la Lumière

A qui rien n'est inconnu
Sa lumière
Elle est nue.

Fragile, douce et nue
Elle n'a besoin que de la voir
Cette volupté, qui siège aux nues
C'est déjà l'éclat du soir.

Tu sais, toi
Elle reviendra ?
La fée qui t'a tendu l'amour
Et le baiser du premier jour.

Tu sais, toi
Tu reviendras ?
Alors vous irez au fin fond des forêts,
Choisir le chêne de l'éternité.

Il y aura sûrement d'ailleurs
Ton armure et vainqueur.
Tu coucheras ta fatigue aux pieds des chaînes
Et baisers te donneront Reine.
Et caresses te donne petit vent
Et allégresse, chante l'instant.
L'instant de la lumière
Que tout le monde ne peut voir,
L'instant de la lumière

Devient permanent, grâce au miroir.

Alors je donne, alors je chante
Et je remercie Sa Lumière
Il devient loin de l'absente
Et cherche son éclair
…

Pour la retrouver.
Et pour l'aimer

Le soleil qui danse ;
Le soleil qui danse
Dans tes bras
Me fait concurrence.
Que tes yeux me regardent juste là
Où le point d'amour parait
Tu es toute la vie, l'été.

Le firmament des étoiles
Ne fait concurrence qu'à tes yeux
Qui brille d'un regard sans mal
Et tu chantes et tu danses dans le feu.

Je t'en prie, Verlaine disait de la musique avant toutes choses
Pour toi et c'est de l'amour avant toute chose.

Laisse-moi être bercée dans tes bras
Laisse-moi doucement être femme.
Je suis née sur la lumière dans l'éclat
Du premier sourire, de la première flamme.

J'ai grandi dans un tourbillon
Pourtant y résonnait ton prénom
Matitia, Matitia
J'ai tellement peur sans toi.
Il n'y a que la nuit pour me parler doucement

Mais le son de ta voix monte en moi
Redonne confiance, courage, amant ?
Veux-tu être à la fois, père, confident…

Et médecin, tu peux me soigner
Avec beaucoup d'amour.
Ensemble respectons la vie et l'éternité
Avec beaucoup d'amour.

Médecin chasse les peurs,
Et prodigue la douceur
D'une nuit, qui sera peut-être
Celle qui fera naître :

Ta lumière quand tu me regardes,
Ta voix quand tu me parles,
Félin, prédateur, prends garde
Les mots qui me parlent

Sont le sang de l'amour,
Et je veux vivre.
Je veux inonder d'amour
Et je veux au-delà ; d'eux, vivre

Je veux vivre
Pour te voir vivre

Je veux chanter
Je veux te parler.

Que tes mains soient sages et douces
Et que le médecin chasse mes nuits noires
Que ta bouche soit sage et douce
Et que le père me raconte des histoires.

Booz, où ira notre amour ?

N'oublie jamais le bleu de la mer
Laisse-moi t'offrir les fruits de la terre
En terre sacrée
J'ai vu tes cheveux argentés.

Et j'ai vu les vallées de ta solitude
Et j'ai eu mal,
Et je me suis sentie nue dans ce carnaval
En prenant ta main, nous irons dans l'autre versant de ta solitude.
La montagne à deux
C'est comme l'océan juste pour nous deux.
Mais cet océan est si vaste….
Matitia, dis-moi où tu m'emmènes
Il s'agit de ma vie
Je n'ai qu'un souffle.

La quête de l'amour
Alors, protège ma vie
Et garde ton souffle
Pour embrasser l'amour.

Matitia, dis-moi où tu m'emmènes.
Moi, je sais où je t'emmène :
De longues ballades main dans la main
Dans un lieu où personne …

Juste toi et moi
C'est étrange, c'est comme l'impression de te connaître d'emblée
J'ai presque tout senti de toi
Ta douleur accompagne ta soif d'avancer.

Si je suis ta fontaine,
Laisseras-tu son eau pure ?
Pas de sang, pas de larmes
Ignorant la haine
Défiant les anges du charme.

Je veux danser autour de toi
Je veux chanter pour toi
Et j'écris pour toi
J'écris pour te le redire :

Matitia où m'emmènes-tu ?
J'ai connu les pires prédateurs.
Ce sont eux qui m'ont appris la peur
J'ai connu les plus beaux félins, j'étais nue
Sous leur gueule de loup…

Mais JE SAIS que ton rire chassera toutes ces petites histoires
La plus belle histoire, c'est toujours et maintenant,
Qu'il fasse noir
Qu'il y ait du vent.

Matitia, dis où m'emmènes-tu
Et répondras-tu ?
A la question…
J'ai besoin de certitude
Besoin de partager les questions
Les certitudes,
Avec toi, près de toi, pour toi.

Tu le sais toi où courent les biches
Es-tu un chasseur ?

Et de tes crocs, ma chair sera-t-elle imprégnée ?
Si mon sang coule, je meurs.
Accompagne-moi un peu
Apprends-moi, les beautés du monde.

Je t'attends derrière le feu
Pour faire la ronde
Du soleil et de la nuit.

Un peu de vent,
Un peu de feu,
Un peu de toi,
Un peu de temps.
Soyons heureux
Un peu de moi.

Soyons heureux
Peut-être te délivrerai-je mes secrets ?
Mon plus beau secret, c'est mon père,
Ma plus grande douleur c'est ma mère
Mais mon père s'en est allé …

Donne-loi de ton feu Booz
Pour moins souffrir
Et laisse-moi t'apporter
Nuit et jour mêlés.

La magie, des secrets, de la lumière
Et en vérité, beaucoup d'amour.

Silène ;

Silène, pourquoi veux-tu que je meure ?
Silène, pourquoi veux-tu que je vive ?
A quelle heure, revient ce bonheur,
D'être accompagnée vers la rive,

Qui revient dans le seul amour de sa vague.
Berce et caresse la plage,
D'un exil dissolu et, de vague en vague
Ramène au rivage.

Silène, pourquoi fais-tu le bonheur ?
Silène, pourquoi fais-tu le malheur ?
Comme la douce étoile a peur
Comme le vent qui porte l'heure.

Ramène au rivage
Caresse ton visage.

Silène, pourquoi fais-tu la souffrance ?
Silène, pourquoi fais-tu le plaisir ?
Je cherche la transparente errance,
Et de l'amour, tous les élixirs.

Buvons à l'amour,
Vénère le jour.

Silène, pourquoi j'ai envie ?
Silène, pourquoi j'ai choisi ?
La force bleue des premiers jours,
Le fol éclat perdu dans la tour.

Non, il n'y aura pas de chaînes,
Non, il n'y aura plus de silènes,
Fous ... et cruels ...
Juste ta clarté solennelle.

Silène, d'où viens-tu ?
A moitié fou, déjà tu as bu
L'eau de mon âme,
Le corps de mes flammes.

Je n'irai pas brûler à ton ardent bûcher
Je ne ferai que m'envoler vers l'éternité
Et si j'y crois,
Et si j'y crois ...

Sur la plage, l'immense horloge
Dérange encore les rossignols
Et transperce leurs gorges
Et la vie sanguinole.
Où es-tu ?
Toi, qui me donnas la vie ?

Pardonnes-tu ?
Et la vie, de revenir à la vie.

Je monte au ciel, et je te rejoins,
Mon coeur, aime ses deux mains,
Mon âme, rejoint l'unique destin
D'un matin, comme un matin.

Et la nuit, du silène ?
Et la nuit, du regret ?
Que la paix enfin, vienne,
La peur, bleue, constellée ...

Car à chacune de tes étoiles
Brille doucement le secret
Car à chacune de tes étoiles
Garde l'espoir apaisé,

D'un retour, d'une vie,
Plus de folie,
Plus de magie,
Le repos du guerrier, ..., la vie ...

Et si j' y crois
Qui m'en empêchera
Pas toi silène !

Que la joie revienne,

T'emmener au parterre de fleurs,
Oui, il y aura toutes les couleurs
Vénérable du bleu,
Et tu sentiras tes yeux,

Et tu reverras le feu,
Le donjon bleu
De ton premier désir,
Loin de silène,
De mon premier sourire
Loin de silène.

Je ne suis ni la mort, ni la vie,
Juste une petite lumière dans la nuit,
Et je transporte la paille d'or
De la chanson qui illumine encore …

Mes sommeils fous où je te rejoins,
Et ce rêve, se pose dans les mains,
Du jour et de la nuit,
Du soir et du matin.

C'est vrai, le silène vit,
Mais regarde, il y a aussi la montagne

Et sent, cet immense vent qui te gagne
Et qui t'emporte vers l'infini.

Il n' y a plus de peur
Et l'horloge se brisera sous
La belle et triste lueur,
D'un petit refrain très doux :

« Je suis là, j'existe, et je vis ... »
« Silène, avant moi, tu seras parti ... ».

Alors la liberté sera confuse
Sans étoiles.

La chaîne se fera fil de soi,
Et la mort fera fi de toi,
Tu vivras,
Bien au-delà.

De tous les silènes
De la peur glacée
Et la nef, sans sirènes
Rejoindra les hanches de l'éternité.

Si seulement, tu pouvais voir ce bleu,
Le bleu de cette eau,

Si seulement tu voulais m'écouter un peu,
Et revenir de tes galops ...

Mais la route a semblé longue
Trop, trop longue.

As-tu seulement pris le temps
De regarder ce petit arbre blanc ?
As-tu seulement posé tes yeux,
Sur la naissance d'un feu,
Là, au fond, au fond, au fond
Au fond, au fond, au fond ...

Là où le silène ne sera pas,
Enfin, là tu verras :
Grandir blanc et droit un arbre
Enfin, là tu sentiras :
Le feu violent du marbre.

Puis peut-être l'escalier magique
D'une vie unique,
Faite de toi,
Fête de toi.

La nuit même bleue ;
La nuit même bleue
N'a épargné le feu
Et les oiseaux prennent peur.
Je ne veux pas leur…
Ressembler !
J'ai choisi de porter jusqu'au bout du monde
Le ciel et les étoiles et les bleus piliers
Qui farfandollent en ronde.

Il y a les vagues, alors
Et encore, les mêmes ? Vagues,
A mon âme je verse encore
Dans les fontaines, perdues les bagues…

Que les chevaliers se lèvent
Même si la nuit est bleue
Plonger dans les fontaines et toucher le rêve
L'anneau d'amour, d'or et de feu.

L'oiseau saura bien retrouver son chemin
En suivant le cap de chaque étoile.
Liberté la nuit même bleue, même demain
L'oiseau volera en dehors du mal
Dans une demeure céleste, aux colonnes océanes.
Sous les flots, Hercule tu n'iras pas plus loin,

Et l'anneau roule blanc et diaphane
Chevalier, tend ta main.

Que cherche le feu, au-delà du rêve ?
Que cherche l'amour au-delà de l'or ?,
La lumière…, une jolie trêve ?
Le cadeau qui aime et protége ?

Toute l'histoire est écrite pour les chevaliers
Tous les chevaliers écrivent leur histoire,
Sauront-ils à nouveau, chercher…
La clarté intérieure de nos miroirs ?

Reviens vers midi, à l'heure où le soleil décline
Les arpèges de toutes les comptines
La nuit même bleue
Versera tes yeux.

Dès lors, plus de craintes, de terreurs et de folie.
J'ai choisi l'espoir des silences
Ceux qui portent les piliers de la vie.
J'ai choisi d'aimer toutes les errances

Et de pardonner ton départ…
De la terre aux cieux,
Poser le regard

Sur cette nuit bleue.

Qui a bercé et l'amour et l'amour
Dans les flots ira mon âme
Porter derrière le sentier du jour
Le vent, le froid, les larmes…

De feu, seront nuit bleue
Peut-être, le chant alors s'élève,
Viens, viens fleurir au parchemin des dieux
Couler le nectar de ton rêve.

Où est l'alliance de ce bleu et de cette nuit ?
Quel Homme saura retrouver la fontaine,
Pour à nouveau germer la vie ?
Attendre le cœur délivré de toute haines.

Et tu viendras
Même si la nuit est bleue.
L'oiseau du jour verra l'éclat
Plus de craintes, et les dieux

Retrouveront leurs sandales,
Abandonnées aux étoiles.
Dans un cadeau très doux,
Le plus beau sourire du fou.

Même si la nuit est bleue
Toujours sera bleue.

La neige ;
Elle cache les épines
Et laisse les vents à leur folie.
Elle blanchit les fleurs
Et laisse l'amour laisser les pleurs.

Et la maison de la neige, s'appelle le ciel
Viens, viens avec moi dans les étoiles
Pour contempler l'étincelle
Le feu dans nos cœurs de cristal.

La douceur immaculée
Se donne à tes premiers baisers
Je t'invite à partager
Mon temps et mon éternité.

Je t'invite à ne plus avoir froid
Et t'enrouler dans les bras
Du cadeau sincère
De la neige qui espère…

Le soleil, le vent et les jolis petits pas de dame licorne
Oui elle t'aime.
Cette licorne
Elle sourit et t'aime.
La douce licorne des neiges t'ouvre son foyer

Son âme et te propose les ballades ;
Plus bleues que la nuit, même bleutée
Et t'invite à chasser les mascarades.

Licorne et chevalier des neiges s'unissent
Pour, ensemble gravir les sommets et les vallées
Amoureuses, enneigées
Et si j'étais la neige, et si tu étais délivré des maléfices.

Alors, dans un grand feu de neige et de baisers
L'ardeur sera de plus en plus partagée,
Et de cette neige, nous ferons un lac, un étang, une mer, un océan
Tu verras une vie sans sacrifice, un horizon blanc.

La neige t'aime
Comme certains lieux m'aiment.
Les chevaliers fréquentent les clairières
Laisse moi être une prière…

Laisse-moi être une lumière
Et comprends que de la lumière à la prière, c'est ma chaumière
Ou ta neige
Qui est le premier arpège
De notre premier bonheur
A nous deux mérité.

Mais encore, la licorne des neiges murmure ;
N'est pas peur
N'est plus peur
Car ton cœur est aussi pur
Que le matin sur l'horizon blanc
Que notre horizon dans le matin et l'océan.

Tu voyages, où vas-tu ?
Je n'attendrai plus
Avec toi j'irai.

Le Noël de mon amour ;
C'est un Noël qui n'oublie ni l'amour, ni l'amitié
C'est surtout la rose qui pense à son lac.
Fou de demain et de toujours il est,
Plus fort que le vent, celui qui claque.

Je vois les rougeurs de tes sourires
Et je pleure le chagrin de tes chagrins.
Protége le matin du rire,
Ardent de minuit au matin.

Et l'horloge n'emportera pas le sable de mon cœur
J'ai besoin de ce Noël d'amour, que tu préfères
J'attends ce Noël, au fond du sablier : voici l'heure
Ni bleu, ni tendre juste les folles chimères.

Laisse laisse la folie, le vent tout emporter
Et qu'importe à la fois ce baiser et cette souffrance.
Laisse-moi te donner l'éclair de la liberté
Laisse-moi entrer ta pitance
Et respirer les bois de ta charpente.
Ta maison est un foyer d'argile
Et comme ce colosse, elle chante.
A la fois la nuit, le bruit et la ville
La petite et belle clef est apparue dans mes mains
Ô tu es ce magicien qui donne sans reprendre

Ô tu es cette nuit que l'on n'ose prendre
Parce que trop près des étoiles du matin.

Et cette clef...
Oui, elle vient du ciel,
Et cette histoire d'éternité
Dis prête-moi tes ailes...

Ô oui je veux m'envoler
Près de toi, et rester
Malgré les cris et les bruits
Je veux être le Noël de ma vie.

Prier et aimer la voix de l'homme
Pardonner et chanter l'homme.
Je persisterai dans la ferveur étincelante
Aucune lumière sombre, juste ruisselante

Sous la pluie, j'ai attendu
Et..., tu es venu
Et..., tu es reparti.
A Noël, tu reviendras ici ?

Dis raconte-moi ton Noël,
Raconte-moi le bruit de tes ailes
Je suis là avec du papier et de l'encre

C'est comme un bateau sans ancre.

Pour graver le réconfort infini
D'un amour infini,
Qui ne peut s'arrêter
Aucune ancre, aucun abandon, tu es
Loin et tu es mon noël.
J'ai confiance et mon cœur n'a que quinze ans
Mais je le construirai cet arc en ciel,
Pont du rêve et des tragédies oser rester enfant.

Oui ce Noël là, j'ai senti et souffrance et amour
Oui ce Noël là, j'ai donné dans un grand brasier
Le sapin de l'arbre de la chance, et attends le jour
Qui montant jusqu'au ciel dit la petite voix éclairée

De ce grand soleil qui sourit sous la pluie.
Tu es l'âme de mon âme et l'absence de mes jours
A cette absence je donnerai vie
Et à ces jours je garderai l'espoir infini de l'humilité.

Protége moi de l'orgueil et de la peur
Toi qui sais à la fois mon passé et mon présent,
Le Noêl du bonheur
Le futur du présent
L'instant qui dépasse le temps

Le temps dompté par Toi.

Tu es le sable, je suis le vent
Je suis la mendiante, tu es le roi.

Donne moi ce Noël,
Et retiens mes ailes
Car le ciel est vide sans toi.
Tu veux être l'étoile du premier roi ?

Je reviendrai toujours avec le matin,
Je reviendrai chercher ta main
Mais pourquoi ce Noël est si froid ?
En attendant le vent chaud et toi….

J'attends accrochée à mon étoile,
Et où est ton voilier sans voiles ?
Sans ancre et sans feu
Tu navigues sur des chimères, et le rivage est bleu

Alors, viens….

Rafales ;
Les rafales du vent
Atteignent les cimes de ma colère
Et, non, il n'est plus temps des prières.
C'est aussi la discorde du temps.

Le temps n'est plus bleu
Et le feu se charge des lunes
L'écume salée, et lumineuse de si peu,
De nuit, qu'elle devient de fleurs et de dunes.

Les rafales du vent,
Prennent le temps,
Le temps du temps,
Là où c'était longtemps.

Printemps qui revient
Me rendras-tu la main,
Qui avait couru cet hiver ?,
Dans une rafale de lumière.

Je t'ai cherché,
Je t'ai trouvé.
Mais tu es reparti avec le vent,
Avec le temps….
Et je t'aime au-delà des plaines et des vallées

Tu étais l'horizon incandescent
Et tu deviens le premier baiser
Qu'on ne veut oublier, et pourtant

Tu es ma rafale de vent,
Tu es la porte qui se ferme et entend.
Le bruit de la clé par terre
Tu étais ma rafale de prières.

Et je croyais en tes baisers
Mais la douleur est arrivée,
Alors je t'ai laissé partir.
Mais, encore des rafales de sourires.

Pour ceux qui aimeront encore mes nuages…

La douceur ;
C'est d'abord un sourire,
Au creux de la pluie
Aux abandons des rires,
Aux chemins qui s'enfuient.

Trace lumière
Où pars-tu ?
La douceur c'est comme la première
Fois, où je t'ai vu.

Pour garder cette douceur
Je te porte la fleur
Du silence…
Le vent d'Achem danse.

Il promet la pluie le vent le feu
Et l'éveil
Pour rester à deux
Et faire des merveilles.

Ma douceur est ta fenêtre,
Ta douceur est tout mon être,
Tu vibres dans le fond de mes rêves
Tu vis les cristaux et s'achèvent
Avec eux les ténèbres : clarté,

La douceur te reconnaît
C'est comme cet oiseau
Qui un jour vola loin du bateau.

Au-delà des écumes et des flots
Le bel oiseau chanta jusqu'au soleil
C'était beau comme la merveille
Promesse d'un prochain repos.

Et je te promets, la proche douceur
Ensemble, nous choisirons cette fleur,
Qui de la nuit au silence
Amène le matin de bonne heure.

La certitude ;
Elle porte un joli prénom,
Elle revient avec lui.
Pour cela, voisine de la Raison :
Elle est le spectacle de la Vie.

C'est elle vers qui mes yeux se portent
Je l'aime comme un premier enfant
Qui dort et me rend plus forte,
Il y a toi, tout ça et le vent.

Je crois en mon cœur
Et j'accepte mes erreurs
Ces vagues si fortes
Jusqu'à toi me portent.

La porte est forte
Et la douce clé accepte toutes les escortes
Et cette certitude me donne tes sourires
Balancier qui sonne le chant de ton avenir.

Alors, je vais chercher ma guitare
Et je chante pour célébrer l'Amour,
Et cette guitare soudainement devient bleue de jour !
Bleue, bleue, comme un rêve un peu tard

Mais cette certitude remplit tous les songes
D'espoir, de nuit, oui de rêves
Et j'aime les chants au bord d'Eclève
Eclève, ma falaise, au bord des doutes qui rongent.

Et j'aime et chanter et aimer, enchantée
Et j'enchante les nuits de nos étés.
Parce que au moins une fois : la certitude pose ses ailes
Et cet oiseau bleu pose sa légende comme farfadelle.

Du haut de la falaise s'étale toutes les vagues
De l'écume à l'horizon
Et le sel de chaque éternité vient jouer sous l'éclat du soleil blond
Et j'aime, tes yeux, ta peur, la bague.

De ta main, je me couche
Sauvage et farouche
L'anneau du feu allume et ta nuit
Et berce la volupté de mes cris…

De joie, ensemble nous montons
Dans l'unique pensée, de cet unisson,
De tes étoiles à mes soleils
Et la lumière aime et vermeille

Se pose sur la douceur de tes bras
Et de ta bouche.
Tes paroles volent d'Eclève à farfadelle, à… moi
Et de ma bouche.

A toi, le premier matin où je sais que l'espoir
Comme, l'amour renaît tous les printemps
A moi, le désir, le feu de chaque premier soir
Dans tes mains et tes bras à chaque instant.

De merveilles en lendemains
Je monte aux étoiles dans un vent
Ni bleu, ni rose, le vent qui va et revient
Au soleil et au feu de ce même vent.

Le désir et la puissance
De ton être et de ton visage,
Le matin et la vigilance
De ta douceur et de ton cœur sage.

Je te donne ma certitude
Et tu m'offres le prélude
Des guirlandes de joie
L'éclat du soleil et du Roi.

Tu gouvernes sur mes eaux

En moi s'allument, le bois et le roseau
Et je trouve le rêve éveillé
Aux bois de tes chagrins et de tes étés…

De feu, de feu et de feu
La certitude devient bleue
J'attendrai que même elle devienne vérité.
Parce qu' un instant nous nous sommes aimés.

Mon ami la nuit, m'a ramenée à toi
Les printemps sont éternels.
Mon ami, le jour me fera belle
Pour l'éternité dans le seul foyer de nos ébats…

Ensemble nous fuirons la mort
Et nous pourrons chanter encore
Sur les matins et les oiseaux
Et la musique bercera les eaux

Alors nous irons nager aux Farfadelles,
Pays des certitudes.

Au nom de l'amour ;
A l'amour qui viendra
Il existe, mais ne porte pas de nom.
On l'appelle amour
Il est beau et jamais ne lui dit non,
Il existe de toujours.

Son regard est pâle et discret
A la lumière de l'Eternité,
Il se pose et danse dans mes yeux,
Certains le nomment vérité.

Mais ce silence
Et cette présence
Sont aussi précieux
Parce que mes yeux…

A cet amour je donne vie,
Et j'ouvre les portes de mon temple secret,
Fière de porter le drapeau des danses infinies,
A cet amour, je donne ma vérité.

Petite, petite lumière…
Tu grandis, tu transpires, tu éclaires
Mes caresses volent vers toi,
Et ma patience ne m'effraie pas.

Au nom de l'amour
Se lève le jour,

Au nom de l'amour,
Viendra ton retour.
Alors j'attends, et j'avance
Pour que cesse le silence.

Car j'ai besoin de ta voix
Au nom de l'amour sans rage
Tu seras là,
Plus fou que les félins sauvages.

Ce sera un amour calme
…
Mais qui peut le promettre ?
Tout doux, tout calme
…
Sera la première lettre.

La première lettre quelle est-elle ?
La naissance de l'amour qu'elle est-elle ?
Toutes les lettres du monde, même les claires
Ne suffisent à tout envoler pour ma prière.

Alors, j'aime la première lettre,

Et le secret de l'amour
Tape de battements à ma fenêtre
Et le secret du jour.

Oui, oui je ne vis que par elle…
La lumière de ce matin et de toi
Le mystère est bleu et irréel.
Mais je sais qu'elle est là.

Dans la clarté,
Il n'y a plus de fenêtre,
Toi et moi au même soleil, de jours partagés
Où l'oiseau fou, cherchera de qui est l'être
De l'amour,
Au nom de l'amour.

La Force ;

Elle regarde toujours haut et fort le soleil,
Du sacré pour certains elle devient merveille.
Elle attend aussi que le soleil revienne
Elle ira le chercher et délivre sans haine.

Je l'attends, je l'espère, et je la contourne
Elle vit et le matin, et le soir
Comme une fleur portée par un doux regard.
Qui chante et dans les farandoles tourne.

C'est un jeu de lumière,
C'est un jeu de prière
Elle est à la fois l'oubli et l'espérance
Les mots murmurés dans le silence.

Elle est cette larme et ce soleil
Elle s'élève vers toutes tes merveilles
Loin des terreurs sans nom
Loin du vent qui dit inlassablement : Non.

La Force, elle dit oui
La Force, elle murmure : continue.
Et c'est ainsi que va la vie,
Continue, continue.
Ce souffle immense,

Cette tendresse, si bleue
Attends dans un nuage d'espérance
Et redeviens bleu.

Parce que le bleu est sa couleur
Et parce qu'elle n'a aucune couleur.
Le bleu, c'est le ciel et la mer
Le bleu c'est le premier jour sur la terre.

La confiance ;
Elle me porte, elle me tend les bras
Elle sourit quand je la vois.
Ses yeux sont clairs comme deux soleils argentés
Son cœur est ouvert à tous les étrangers.

Si tu la vois,
Heureux tu seras
Si tu la perds
Grande sera ta misère.

Pour la rencontrer il faut aller aux bois
Se poser et attendre son pas
Escortée de la licorne, tu verras
Le soleil briller de cent mille éclats.

Petite elle te tend la vie
Comme on offre des roses
Elle chante et caresse les nuits
Comme on offre des roses.

Si je viens, tu viendras ?
Si je pars, tu m'attendras ?
Comme toi le matin
J'ai tendu les mains…
J'ai tendu les mains…

Comme on offre des roses
Et comme une présence de satin
Elle cherche une belle prose.

Pour te prendre et t'élancer dans la nuit
Il y a des images qui reviennent
Et des sourires qui s'enfuient
Il y a des larmes qui reviennent.

Mais tu viens dans ma nuit,
Comme un enfant, comme un ami
Et la peur s'envole loin
Loin, loin vers l'oiseau, vers demain.

La peur, ténèbre est enfuie
Et la lumière descend dans les bras de l'infini.
Après l'enfance
Revient l'enfance …

Mais maintenant mes bras
Sont assez grands pour toi
Si je pouvais te retenir licorne de ma vie
Je vivrai à la fois jeunesse et envie.
Non seulement d'aimer
Le temps se réconciliera avec l'éternité,
Et la licorne s'endormira

Nue dans les bras,
Des secrets.

Oui c'est tout ce que tu es :
Des chuchotements dans le soir,
Des pardons et des histoires.

Et moi aussi je t'attends,
Et la vie bleue s'étend
Parce que tu chantes dans les nuits
Parce que tu pleures aux trésors enfouis.

Les diamants n'ont pas de nom,
Il n'y a que la pluie
La première fois claire le son
D'une solitude infinie.

J'ai besoin de toi,
Et je crois chaque jour,
Et je crois
Chaque jour.

Tu caressais ma tendresse,
Et pourtant j'ai pleuré,
Je pense sans cesse
A notre tout premier

Baiser…
Je t'ai bu confiance
Au diapason de la mélodie argentée
Tes mains dans l'espoir… silence.

Tu sauras un jour le bleu et le feu de ces nuits,
Où je n'attendais que toi,
Et pourtant tu ne venais pas
Il a fait de plus en plus nuit !

Pardon aux feux,
Aux matins silencieux !
Pardon à ton départ
A ton adieu dans le noir.

Et ma douleur avait dix sept ans
Pardon d'avoir pris du temps,
Et puis te voilà
Sublime, gaie, te voilà !!

La vie qui revient avec toi.

La perfection ;

La perfection chante dans un dialecte inconnu
Inconnu à notre monde.
Alors ? Pourquoi les enfants font la ronde ?
Et pourquoi les fleurs sont-elles toujours nues ?

Dis-moi toi là, assis aux marches du ciel,
Est-ce que tu peux me prendre dans tes ailes ?
J'ai tellement besoin de voler parmi l'éther.
Tout a commencé avec la lumière…

Tu sais un petit matin, on a dit : Vérité
Mais elle n'a pas répondu
On a dit : Amour et charité
Mais ils n'ont pas répondu.

Alors ? Où es-tu perfection ?
Ni les enfants, ni les fleurs …
Donne-moi juste une chanson
Ou des enfants ou des fleurs.

Et puis alors ce sera juste Ma perfection,
La terre résonne de lumière à l'unisson,
Pour faire comme les oiseaux,
Pour nous faire des cadeaux.
Et puis, les océans

Et puis il y eut la perfection
Un amour d'elle pour Adam,
Et puis il y eut les saisons,

Le temps et la mort.
Bien au-delà encore,
Il y a toi, et tes ailes
Et peut-être serais-je belle ?

Dans le melon pourpre qui goûte le miel
Dans l'éclat,
Si délicat,
Vermeil, merveille, sel

De la mer ni bleue ni claire.
J'attends et je vais vers…
L'horizon
Ma perfection.

Alors tu vois, elle est bleue
Où elle s'achève
Dans un rêve
Que je trouve merveilleux.

Parce que c'est toi.
Ma branche de lilas

Le soleil des rois,
Ton rire aux éclats.

Aux éclats du feu…
Aux éclats d'océan
Il y a d'abord le bleu
Puis bien sur le Vent,

The answer my friend is blowing in the wind…

La douceur ;
C'est d'abord un sourire,
Au creux de la pluie.
Aux abandons des rires,
Aux chemins qui s'enfuient.

Trace lumière,
Où pars-tu ?
La douceur c'est comme la première
Fois, où je t'ai vu.

Pour garder cette douceur
Je te porte la fleur
Du silence…
Le vent d' Achem danse

Il promet la pluie le vent le feu
Et l'éveil
Pour rester à deux
Et faire des merveilles.

Ma douceur est ta fenêtre,
Ta douceur est tout mon être,
Tu vibres dans le fond de mes rêves
Tu vis les cristaux et s'achèvent

Avec eux les ténèbres : clarté.
La douceur te reconnaît
C'est comme cet oiseau
Qui un jour vola loin du bateau.

Au-delà des écumes et des flots
Le bel oiseau chanta jusqu'au soleil
C'était beau comme la merveille
Promesse d'un prochain repos.

Et je te promets, la proche douceur
Ensemble, nous choisirons cette fleur,
Qui de la nuit au silence
Amène le matin de bonne heure.

L'amitié ;
C'est d'abord pour te dire merci
De comprendre sans le dire
C'est parce que c'est aussi la vie,
De comprendre sans le dire

Tous les silences de nos sourires,
Tous les sourires de nos silences
Nous amènent aux joies du rire,
Qui fusent comme autant de chance.

Tu es venue,
Je suis venue.
La présence est devenue réelle,
Et j'ai su retrouver la ruelle.

L'amitié c'est ton regard inquiet et clément
L'amitié est devenue un cadeau permanent
Et j'ai choisi d'être ton amie
Parce que tu m'as souri.

Alors, merci au soleil et aux vents
Qui t'ont portés jusqu'à mes printemps,
Un soleil, une lumière
Réponse aux prières.
La clarté a empli l'espace

Le temps se fait moins cruel,
Chaleur d'une vie avec les traces
De nos rencontres si belles
Là où le silence ne peut atteindre nos cœurs,
Qui se parlent du langage rare,
De l'amitié, du bonheur.
Comme un rendez vous jamais trop tard.
C'est ton cœur que j'entends rire ou gronder
Alors, ce sont les mots que je sais :
Les mots qui soignent et délivrent.
J'ai attendu de chasser tous les livres

Pour trouver le tien,
Celui qui parle de ton Bonheur, et du Courage
D'en tourner les pages,
Que la paix soit dans tes mains.

Notre amitié est certainement
Une petite lueur dans la nuit
Qui chasse les douleurs du temps
Une petite lueur pour la vie.

Amie, tu m'apportes le soleil
Et délivre les merveilles :
Le feu et l'eau
Envahissent tous les flots,

Et, moi j'ai construit pour toi, ce voilier
Ni bleu ni blanc,
Un voilier pas trop grand
Juste pour t'emmener
Au pays de ton destin.
Où j'irai près de toi, sur mon chemin
Discrète à l'écoute de tes larmes
Qui choisissent l'arme…

Du désespoir.
Mais je suis là
Et t'offre mon espoir,
Pour le voilier du soir ;

Et je sais que ta bonne étoile sera là…

Le désir ;
Il est fort et doux comme le vent
Il est mon amant.
Sa voix entre en mon sein
Tel un bateau du matin.

Je vogue aux dix mille lueurs de ses nuits
Et de tous ses rêves.
Je rêve aux dix mille secrets de sa vie
Et je vais guerroyer sans trêves.

Aucune marée, aucun vent furieux
Aucun démon ou envieux
Ne l'éloigneront de mes bras.
Il est mon sourire et ma joie.

Je suis sa bouche,
Il chante.
Je suis ses yeux,
Il rêve.
Et sa bouche…
Me hante
Et ses yeux…
M'éclairent sont la sève
De ces fleurs et de nos fruits
De sa vie et de ma vie.

Comme le feu qui attend l'eau
J'attends tes baisers
Et je dévore en rouge et or le bateau
Ivre toutes mes lèvres de l'été.

L'eau, le feu, le vent et Toi
C'est tout ce dont j'ai besoin
Le matin, le soir, le soleil et Toi
C'est tout ce dont j'ai besoin.

Mais plus au fond
Ce matin là, je suis à toi.
Mais plus au fond
Ce soir là, je suis à toi.

Et nos vies s'endorment paisibles aux bord des eaux de la mer
Rien qu'à toi, vers l'éclat et la lumière :
Tu es le flot salé
Qui atteint mon éternité
Tu es le vent sucré
Qui choisit de m'embrasser
Et nos sommeils s'éveillent vifs et forts.

Lorsque de toi à moi, vibrent les corps,
Et tes mains
Tremblent au premier rayon,
Et tes yeux le matin
Plongent dans le trèsfonds
Et tu caresses mon âme
Toute ouverte, je suis Femme.
Laisse-moi devenir ta prochaine fois
Et devient ma première fois.

Il y a ton chemin
A l'orée de la forêt,
Et je vais vers tes mains
Insouciante, confiante et pleine de voilier.

Tu es ce que je suis
Et j'attends ta vie,
Que le soleil t'allume
Disperse les brumes

Le feu viendra te couvrir et te protéger
Pour que jamais la glace ne fige ton éternité
Et cette vie qui va en toi, est d'abord, ma promesse
Et cette promesse qui va en toi, est d'abord ma vie
Je promets de rester en vie
Je vie ma promesse…

Que notre amour soit protégé
Par la clémence de l'éternité.
Tu es le ruisseau, où je vais nue
Et me livre à tout ton inconnu.

Toi, l'Eternel, protège et veille sur son amour
Que Rien, n'atteigne nos cœurs
Que nos cœurs
Eux-mêmes ne tremblent que du jour d'amour …

Et de la nuit que la vie nous offre
Tu es l'écrin de roses où je m'offre
A toi,
En moi.

Laisse-moi glisser du matin
Dans tes bras m'envoler et n'être que par tes mains
Tu es la nuit de mon étoile
Tu es l'espoir de ma voile,
Et je plane et je vole vers toi
Parce que tu es le phare dans l'océan.

Et les oiseaux ne parlent que de toi
Parce que tu es le roi et le mendiant.

L'étoile du firmament
De mon firmament.

A toi
En moi.

Et les oiseaux aiment les étoiles…

Tu es l'oiseau, je suis l'étoile…

Etoile du vent, de tes yeux
Laisse entrer le feu…

Je désire ton vent et tes yeux
Je désire ton feu.

Laisse-moi être,
Laisse-toi être,

Car la vraie question, c'est : aimer ou être aimé(e)…

Le secret ;

Le secret n'a pas de nom,
Juste, il tremble devant l'horizon,
A cause de la mer qui se jette dans l'infini
Juste il tremble devant la vie.

Le secret n'a pas de nom,
Mais répond à toutes les questions
Il aime se cacher parmi les fleurs
Qu'on offre au défi du bonheur.

Et, il s'appelle *secret*
Et, il appelle le silence
Et, il rappelle les tout premiers
Et, interpelle la parole de l'enfance.

Il te dit, et te protège
Il s'endort avec ton sommeil
Il sait où va le cortège
Jaune sombre et fou des abeilles.

Son secret, …
C'est de t'aimer…
Au-delà des questions
Tout près de l'horizon.

Son secret…
C'est de t'aimer
Au-delà de l'infini
Tout près de la vie.

Son secret…
C'est de t'aimer
Au-delà des fleurs
Tout prés du bonheur.

Le secret n'a pas peur
Sûr de ses colonnes,
Il devient le temple
De tous les orages et étonne.
De la pluie, la douceur
Assise et contemple.

Les premiers silences de demain
Ce soir, je sais
Mais je ne dirai rien
C'est le secret.

Et toi, quel est ton secret ?
Est-il bleu et profond ?
Est-il vif et nuancé ?
Est-il tendre et fécond ?

Reviendra-t-il du pays du silence ?
Ce secret, profond
Ce secret ce ballon
Perdu un soir d'enfance…

Cet amour perdu… au secret de mes dix sept ans
Attends moi et revient dormir près du secret presque blanc
Transparent comme tes yeux si grands
Oui, tes yeux n'ont pas de secret violent.

Si doux, tu me parles, de ces secrets jamais révélés
Et je te réponds comme je t'ai toujours aimé.
Et je te réponds, parce que j'aime ce secret
Tendre, profond, comme toi, belle éternité.

Alors les fleurs dans leurs chants,
Chanteront
Dans le jardin blanc
Du dernier horizon.

A chacun son secret,
Je te donne le mien, en premier
Parce que j'ai de l'Amour
Parce que je connais ce jour

Où ni bleu, ni pur

N'atteindront les cimes du mur
Oû j'ai su cacher nos secrets.
Discours et Vérités,

Tu choisis ton langage…
Sans peur, sans mystère, sans nuages…
J'écouterai ton secret et je deviendrai
De tes silences, l'unique coffret

Oû tu glisseras les couleurs des mots
Et cet amour qui ne porte aucun nom
Rejoint bien vite au fluide des eaux.
La mer à l'unique horizon…

Du mystère de toute création.

La réponse ;
Elle répond, elle parle et elle t'écoute
Tu peux presque la toucher
Car elle va sur ta route
C'est un chemin privilégié.

Sur les réponses de l'authenticité
Elle t'apporte amour, joie presque… la Beauté.
La réponse c'est aussi Nos réponses
Ce qui devient forme et éloigne les ronces.

Alors, la réponse s'adoucit,
Alors, la réponse nous dit oui
Et je l'écoute, porter le voile
Qui fait trembler les étoiles.

La lumière de la réponse, est Connaissance
De ce petit jardin où nous semons les chances :
Trouver au fond de son amour, la première force
Celle qui parle et la première et la dernière, avec bravoure et soigne l'écorce.

La réponse est aussi nos petits jardins
Cultivés avec bonheur depuis le matin.
La réponse tend et prend la main,
Comme une lueur…

Table des matières.

La rose bleue ; 7
Du bleu ; 9
Le sable et le vent ; 11
Monde de soleil ; 15
On ne peut oublier le soleil ; 17
Une fleur, un matin ; 20
La plaine ; 24
Sa lumière ; 29
Le soleil qui danse ; 33
Silène ; 39
La nuit même bleue ; 45
La neige ; 49
Le Noël de mon amour ; 52
Rafales ; 56
La douceur ; 58
La certitude ; 60
Au nom de l'amour ; 64
La Force ; 67
La confiance ; 69
La perfection ; 73
La douceur ; 76
L'amitié ; 78
Le désir ; 81
Le secret ; 86
La réponse ; 90